AF226637

OCTAVE TEISSIER

ALFRED DE MUSSET

DOCUMENTS GÉNÉALOGIQUES

DRAGUIGNAN
IMPRIMERIE C. &. A. LATIL, BOULEVARD DE L'ESPLANADE, 4.
MCMIII

ALFRED DE MUSSET

DOCUMENTS GÉNÉALOGIQUES

ALFRED DE MUSSET

OCTAVE TEISSIER

ALFRED DE MUSSET

DOCUMENTS GÉNÉALOGIQUES

DRAGUIGNAN

IMPRIMERIE C. & A. LATIL, BOULEVARD DE L'ESPLANADE, 4

MCMIII

SOMMAIRE

Au moment où Paris va ériger une statue à Alfred de Musset, il est à souhaiter que l'on cesse de troubler sa mémoire, par le récit de son lamentable séjour à Venise. Des écrivains du plus réel mérite ont, du reste, épuisé cette question ([1]).

Tout ce qui rappelle notre grand poète national, ne saurait être, il est vrai, dénué d'intérêt, mais nous préférons les souvenirs aimables de sa vie intime, qui ont été recueillis et publiés par son frère Paul ([2]).

Un seul côté de l'histoire des de Musset n'a pas été suffisamment mis en lumière, c'est l'origine et la composition de cette ancienne et très honorable famille, qui a produit un assez grand nombre de

([1]) PAUL MARIÉTON : *Une histoire d'amour : Georges Sand* et *A. de Musset.* Paris 1897. 1 vol. in-12.— CHARLES MAURRAS. *Les Amants de Venise*, Paris 1902.
([2]) Biographie d'Alfred de Musset par Paul de Musset. Paris. Charpentier, éditeur. 1877.

*littérateurs. Un écrivain érudit, M. Longnon,
signale même, dans la* Revue des Questions Histo-
*riques, les liens de parenté qui auraient existés,
chronologiquement, entre Ronsard et Alfred de
Musset.*

Nous lisons, en effet, dans une étude sur LA CAS-
SANDRE DE RONSARD, *publiée par M. Henri Longnon,
cette curieuse révélation :*

*« Une fille de Cassandre dit-il, épousa, en 1580,
Guillaume de Musset, dont Alfred de Musset
descend en ligne directe, sans qu'il s'en fut jamais
douté ; Musset, eut donc une aïeule :* Cassandre Salviati, *qui fut la maîtresse de Ronsard. »*

La Maîtresse, *signifie ici une jeune fille aimée
platoniquement, car Ronsard a déclaré « qu'il n'a
jamais aimé Cassandre* d'amour impudique, *mais
d'amour idéal, que même ce qu'il adore en elle, ce
n'est que la beauté céleste. »* (¹)

*Ronsard, très épris de Cassandre de Salviati,
avait eu l'idée de l'épouser. « Mais le chevalier
Salviati, rompit le mariage sur le différend de la
religion. »* (²) *Elle fut mariée à Jean d'Epeigney,*

(¹) *Revue des Questions Historiques* du 1ᵉʳ janvier 1902, p. 202.
(²) *Notice biographique* sur P. Ronsard par Marty-Laveaux.
p. XXVII-XXVIII.

*sieur de Pray et en eut une fille : Cassandre d'Epei-
gney, qui fut réellement l'aïeule d'Alfred de Musset.*

*« Guillaume de Musset Seigneur de Pray, du
Lude, et de La Courtoisie, lisons nous dans le
Nobiliaire Universel de M. de Saint-Allais, épousa
le 9 novembre 1580, noble demoiselle Cassandre
d'Epeigney, fille de Jean d'Epeigney, vivant écuyer
Sieur de Pray, et de demoiselle Cassandre de Salviati, de l'illustre famille de ce nom (¹).*

*La filiation de Guillaume de Musset, 1580, à
Alfred de Musset, 1810, est très exactement établie
dans les deux tableaux généalogiques publiés à la
suite de cet essai biographique, essai dans le quel
nous avons groupé les noms des ascendants et des
parents contemporains d'Alfred de Musset, qui ont
produit des œuvres littéraires. Nous y avons ajouté
quelques lettres autographes de chacun d'eux.*

(¹) Celle la même qui fut aimée par Ronsard. Voir pour la chronologie, le *Nobiliaire Universel*. t. m. p. 47.

FAMILLE DE MUSSET

L'atavisme n'est pas un vain mot, nous en trouvons la constatation dans la famille de Musset. Le père d'Alfred, Victor de Musset-Pathay ; son grand père maternel, Guyot des Herbiers ; son oncle, Louis Alexandre de Musset, marquis de Cogners, la fille de ce dernier, Odille de Musset ; Paul de Musset, frère du poëte et le dernier du nom, le comte Alexandre de Musset, furent tous des littérateurs remplis de goût et de tact.

Le fondateur de cette ancienne et honorable famille fut Simon de Musset, seigneur de *Maisonfort,* de *l'Etang* et de *La Courtoisie,* conseiller du duc d'Orléans ('), maître de la chambre des comptes de ce prince, lieutenant-général du Bailli de Blois, en 1461.

Louis XII, succédant au duc d'Orléans, approuva, le 19 février 1505, la résignation des offices possédés par Simon de Musset, en faveur de son fils Denis.

Denis de Musset avait épousé, en 1479, Marie de Villebresme, fille de Macé de Villebresme maître d'hôtel de Marie de Clèves, mère de Louis XII. — Il assista, en 1533, à l'assemblée des trois ordres, tenue

('') Fils de Louis d'Orléans et de Valentine de Melan, Charles d'Orléans épousa le 6 novembre 1440, Marie de Clèves et fut le père de Louis XII, qui naquit à Blois, le 27 juin 1462.

à Blois, pour la rédaction de *La Coutume,* et mourut en 1535.

Son fils, Claude de Musset, qui lui succéda dans les fonctions de lieutenant-général du Bailli de Blois, épousa, le 8 février 1537, Marie Girard de Salmet, fille de Nicolas Salmet, vicomte de Vallonge, seigneur de *La Bonnaventure* et de demoiselle Claude de Saulle. Il fut pourvu, le 10 août 1558, de la charge de lieutenant-général du Présidial de Blois et mourut l'année suivante.

Abandonnant les fonctions administratives et judiciaires que ses ancêtres occupaient depuis un siècle, Guillaume de Musset, fils de Claude, embrassa la carrière militaire. Dès lors les de Musset se signalèrent par leur bravoure et leur dévouement dans tous les grades qui leur furent confiés.

L'aïeul d'Alfred, Joséph-Alexandre de Musset-Pathay, était major du Régiment de Chartres lorsqu'il épousa, le 26 novembre 1756, Jeanne-Catherine Bernard d'Horville.

Louis-François de Musset, marquis de Cogners, frère du major, avait épousé, le 10 juin 1751, étant capitaine des Grenadiers, Suzanne du Tillet.

Ici commence, en la personne de Louis-Alexandre-Marie de Musset, fils du marquis de Cogners, la dynastie des littérateurs.

Louis-Alexandre DE MUSSET

(1753-1839)

Charles-Alexandre DE MUSSET

(1819-1899)

Alexandre de Musset, Marquis de Cogners [1]

1753-1839

Né à Mazangé, près Vendôme, le 13 novembre 1753, Louis-Alexandre-Marie de Musset, entra en 1769 dans le regiment d'Auvergne, devint Capitaine en 1779, et obtint, en 1785, la charge de Lieutenant des Maréchaux de France. Depuis quelque temps déjà il avait débuté dans les lettres, en publiant dès 1774 (à l'âge de 21 ans) des *pièces fugitives*, et, en 1778, la *Correspondance d'un jeune militaire ou mémoires de Luzigny et d'Hortense de St-Just.*

En 1784, notre jeune littérateur, toujours plus passionné pour les lettres, mais critique sévère, fit insérer, dans le *Journal Général de France,* une lettre fort originale sur la trop grande production d'ouvrages imprimés.

« On se plaint souvent, Monsieur, écrivait-il au Directeur de cette publication, de la multitude des livres nouveaux. Les bibliomanes gémissent de n'être pas assez riches pour acheter tous ceux qu'on imprime ; les juges sévères regrettent l'argent qu'ils mettent à s'en procurer, même en petit nombre. Je veux épargner des chagrins aux uns et aux autres.

« Laissons pleine liberté d'écrire, mais bornons celle d'imprimer, sans cependant employer la contrainte.

« Un manuscrit sort des mains du Censeur ; si la religion, si l'État n'a rien à en craindre, qu'il soit déposé dans un lieu public,

[1] Nous donnons, ci-contre, le portrait du Marquis de Cogners, avec la photographie de son filleul, le Comte de Musset, dont la biographie termine cette étude.

à la bibliothèque du Roi par exemple ; et que l'auteur né se fasse point encore connaître. Son ouvrage sera lu et examiné, pendant un certain temps, par toutes les personnes qui le demanderont ; chacun sera admis à en donner son jugement par écrit. Averti des taches qu'on y aura remarquées, l'auteur le retirera et après l'avoir corrigé, il le rapportera de nouveau ; alors les journalistes l'annonçant, le loueront ou le critiqueront : qu'ils soient comme Fontenelle, grands ennemis des *manuscrits ;* mais qu'ils laissent en paix les imprimés. Après un an d'exposition, si l'auteur, à ses risques ou périls, ou à l'aide d'une souscription, fait gémir la presse, qui aura le droit d'en montrer de l'humeur ! La brochure, l'*In-folio,* la compilation, le discours académique, tout, excepté l'*Almanach Royal,* et les *Etrennes mignonnes,* etc., sera sujet à la même loi ; et si les souverains de l'Europe veulent l'adopter, le savant assez heureux pour faire une *découverte* n'aura pas même à s'en plaindre. On tient un registre exact du jour où chaque manuscrit est déposé, et les journaux en font mention. Mais, direz-vous, le public n'aura plus pour les *nouveautés* des libraires le même empressement ; nos ouvrages seront trop connus avant l'impression. — On relit les bons livres ; ce qui est utile et beau ne vieillit point.

« Je suis, etc., Le Marquis de Musset (¹)

Il est assez piquant de voir un journaliste, écrivain déjà connu par bon nombre de publications, collaborateur de l'abondant Dorat, s'élever avec tant de force contre les publicistes trop féconds, qui faisaient gémir la presse sans trève ni repos. Il oubliait évidemment que le directeur du *Journal Général* et son imprimeur ne pouvaient souhaiter un pareil chômage.

Les évènements politiques ne tardèrent pas à porter

(¹) *Affiches, annonces et avis divers ou Journal Général de France.* 1787 — p. 219.

ailleurs les préoccupations du Marquis littérateur. Membre de l'assemblée provinciale du Maine, en 1787 ; procureur-syndic du district de St-Calais en 1790 ; appelé, en 1801, à faire partie du Conseil général de la Sarthe, il fut élu député de ce département au Corps législatif, en 1810.

Dans les lettres autographes que nous avons recueillies et que nous insérons ci-après, l'oncle d'Alfred de Musset, donne des détails biographiques très-intéressants sur lui-même et sur sa famille.

Cogners, près St-Calais (Sarthe)

15 avril 1811 (¹)

« Je suis très reconnaissant, Monsieur, des témoignages d'amitié et de bon souvenir que vous voulez bien me donner. Il y a longtemps que nous nous sommes perdus de vue, mais nous ne nous sommes jamais oubliés. Vous avez conservé le livre que je vous avais prié de recevoir ; et moi, j'ai encore les 3 volumes de *l'histoire critique de la philosophie* que vous me procurâtes. J'ai lu souvent cet ouvrage, et toujours en le lisant, j'ai fait des vœux sincères pour votre bonheur. Vous me mandez que ces vœux ont été exaucés, que vous jouissez d'une aisance qui vous laisse la liberté de vous livrer à l'étude des sciences et des lettres. Je vous en fais mon compliment. J'apprends avec plaisir que vous avez un fils établi à Paris ; je le verrai quand j'irai dans cette ville, et peut-être vous retrouverai-je auprès de lui.

« vous savez que je ne suis point l'auteur de la *Bibliothèque agronomique ;* la personne à qui nous devons cet ouvrage s'est fait connaître à vous ; elle vous a dit qu'elle m'est unie par le double lien de la parenté et de l'amitié. Vous m'obligerez de fournir à mon cousin une ample provision de remarques, de

(¹) Lettre adressée à Mʳ Hécart, membre de la Société des Arts à Valencienne (Dépᵗ du Nord).

notes, d'observations : Il en fera bon usage. Il a gardé les livres, et le diplôme que vous m'envoyez ; il me remettra ces témoignages de votre amitié quand je me rendrai auprès de lui. Je vous remercie du présent que vous m'avez fait ; mais je n'en connais pas encore toute la valeur. Vous aurez la bonté de m'apprendre quelles sont les obligations que m'impose le titre de correspondant de votre société des Arts.

« J'ai en effet passé, en 1778, capitaine à la suite du Régiment d'Orléans. Je me suis marié à la fin de la guerre d'Amérique. Lors de la formation des Assemblées provinciales j'ai été membre de celle du Maine. L'année 1789 m'a trouvé Président d'un des bureaux intermédiaires de cette Assemblée. En 1790, on me nomma Procureur-Syndic du District où j'ai mon domicile. J'ai tenu dans ce poste difficile, tant que l'on n'a pas ouvertement violé dans la pratique les théories qu'on établissait avec une solennelle hypocrisie. J'ai passé les orageuses années de la Révolution à lutter contre les *Jacobins* de mon canton, et les royalistes armés *ou Chouans* du voisinage. Persécuté par les uns et peu ménagé par les autres, je suis arrivé avec ma femme et quatre enfants à la scène du 18 Brumaire. Dans la nouvelle organisation qui l'a suivie, on m'a placé dans le Conseil général du Département de Sarthe ; je suis sorti de ce Conseil le 10 août dernier pour passer au Corps législatif.

« L'éducation de mes enfants a fait ma principale occupation depuis vingt ans. J'ai donné d'abord mes soins à deux filles qui vivent avec leur mère auprès de moi. L'aîné de mes fils, âgé de 14 ans neuf mois, me donnait de belles espérances ; j'ai voulu le confier à des maîtres en état de perfectionner ce que j'avais ébauché. J'ai été trompé sur le choix de ces maîtres, et le désespoir a conduit mon fils à la mort. Je le pleure depuis six mois ; je le regretterai toujours. Son frère cadet n'a que dix ans ; je suis son seul précepteur et je me suis promis de ne pas l'abandonner, quand je serai obligé de lui donner d'autres maîtres.

« La terre que j'habite est située à une égale distance du Mans et de Vendôme ; au Couchant Nord de l'une et à l'Est-Est-Sud de l'autre. Le sol est peu fertile ; le paysage agreste ; les abords difficiles, et je n'ai pour voisins que des cultivateurs et quatre ou cinq prêtres. Je fais mon séjour habituel dans cette solitude ; ce n'est que pour quelques affaires que je vais soit à Paris, soit à Vendôme ou au Mans.

« Vous voyez, Monsieur, que je vous parle avec abandon et confiance, comme quand vous veniez me voir chez M. Remy rue S. Géry. Je désire que mes amis me trouvent toujours le même. »

« Louis A.-M. de Musset. »

Odille de Musset

1784-184

Odille de Musset, fille du Marquis Louis-Alexandre-Marie de Musset, et de Marie-Marguerite de Malherbe-Poillé , naquit à Cogners , les 24 août 1784. Douée d'une intelligence très vive, elle fit de fortes études et se prit de grande passion pour la science héraldique. Les archives de sa famille classées par ses soins ont été conservées jusqu'à ces derniers temps. Sans être une femme de lettres, « un bas bleu » elle suivait avec un grand intérêt, les publiciations de son père, et quand elle eut le malheur de le perdre, elle accepta sur les instances du Président de la Société d'agriculture et des sciences de la Sarthe, la mission délicate de rédiger une notice sur ses travaux; nous lisons en effet, dans le bulletin de cette compagnie, de 1840, l'avertissement ci-après qui est très explicite :

« Dans l'intention de composer une notice sur M. le Marquis de Musset, mon honorable collègue, j'avais demandé des renseignements à diverses personnes. L'une d'elles, Mademoiselle de Musset, sa fille, a eu l'extrême obligeance de m'adresser un travail, si complet et si intéressant que je me suis empressé de l'adopter, et d'en remercier son auteur :

F. État Demazi ».

Nous cédons la plume à Mademoiselle Odille de Musset.

Mon père, Louis-Alexandre-Marie de Musset, Marquis de Cogners (¹), Capitaine d'infanterie et Chevalier de la Légion d'honneur, naquit le 13 novembre 1753, au château de La Bonnaventure, commune de Mazangé, au département de Loir-et-Cher. Il fit ses études au collège de Vendôme. Le R. P. Duverdier, de la congrégation de l'Oratoire, distingua chez le jeune de Musset un goût précoce pour l'étude. Dès lors il s'attacha à son élève et resta toujours son ami. M. de Musset sortit du collège à 16 ans, pour entrer dans le régiment d'Auvergne. Au camp de Vergerie, il eut l'honneur d'être présenté à S. M. Louis XV, comme étant le petit neveu du Capitaine de La Bonnaventure, mort brigadier des arurées du Roi et Gouverneur de la Rochelle. Les armes n'enlevèrent point à mon père son goût pour l'étude, la majeure partie des instants qu'il pouvait dérober aux devoirs de sa profession, était consacrée à la lecture des meilleurs auteurs latins et français. Déjà les recherches historiques avaient pour lui un grand attrait ; toutefois, nous l'avouerons, les doctrines des prétendus philosophes du XVIII⁰ siècle ne furent pas sans influence sur ses croyances religieuses ; mais un cœur noble sur lequel de honteuses passions n'exerçaient aucun empire, sentit le besoin de s'attacher à la Divinité. Le jeune officier eut le courage d'étudier les dogmes de la révélation. Sa conviction vint rassurer sa foi : il crut et pratiqua la religion de ses pères ; son union avec une femme agréable, spirituelle et vertueuse, Mademoiselle Marie-Marguerite-Dominique de Malherbe, dut nécessairement lui faire chérir une religion qui encourageait à lui prodiguer les plus tendres soins. Ami de son pays, de Musset s'efforça de lui être utile. Il s'opposa toujours aux intrigants qui cherchaient, quelle que fût leur bannière politique, à troubler l'ordre heureusement rétabli. Il fut persécuté et ne se vengea de

(¹) Il était aussi Seigneur de Sᵗᵉ-Osmane.

F. E.-D.

ses ennemis qu'en leur pardonnant et en les obligeant dès qu'il en trouva l'occasion.

Membre de l'un des bureaux intermédiaires de l'Assemblée Provinciale du Maine en 1787, il surveilla les routes de Poncé à Château-du-Loir. Procureur-syndic du district de St-Calais, en 1790, il donna sa démission, l'année suivante, ses principes politiques et religieux ne lui permettant plus de remplir les fonctions de cette place. Uni, en 1792 à plusieurs gentilshommes manceaux et normands, il se rendit à Paris pour prendre les ordres de la Cour. Louis XVI lui fit ordonner par Mme de Mackau, attachée au service des enfants de France, de demeurer dans la capitale ; on méditait alors un coup de main, ayant pour but de faire évader le Roi. L'entreprise manqua, et chacun de ces Messieurs, n'ayant échappé qu'avec peine aux massacres qui se commettaient, revint chez lui, douloureusement affecté de n'avoir pu contribuer à sauver l'infortuné monarque et à préserver sa patrie d'une souillure à jamais inéfaçable.

Membre du Conseil Général de la Sarthe, en 1801, mon père comptait encore au nombre des Conseillers Généraux, en 1825. Il a pris une part active à tous les travaux de cette assemblée. Mgr. de Pidoll l'honorait de sa confiance et lorsque ce vénérable prélat voulut rétablir les Sœurs de la Charité d'Evron, M. de Musset le seconda pour l'accomplissement de cette utile et pieuse entreprise ; il fut ensuite chargé par le digne Évêque de l'inspection de plusieurs hôpitaux. Il est encore un de ceux qui travaillèrent le plus au rétablissement de l'école militaire de la Flèche. La cherté du pain ayant plongé dans la misère la population de son canton, il eut, en 1811, l'heureuse idée de faire travailler au chemin vicinal de St-Calais à Château-de-Loir, passant par Cogners (¹).

Appelé au Corps législatif, en 1810, et à la Chambres des Députés, en 1814, il figura d'une manière avantageuse dans diverses Commissions de ces deux Assemblées.

En 1778, mon père composa un ouvrage ayant pour titre :

______

(¹) M. de Musset dépensa pour cette entreprise plus de vingt mille francs, somme considérable, eu égard à la modicité de sa fortune.

Correspondance d'un Jeune Militaire, ou *Mémoire du Marquis de Lusigny et d'Hortense de Saint-Just* (¹). Ce livre, renfermant d'excellents principes, eut sept éditions, dont la dernière, entièrement refondue par l'auteur, fut imprimée au Mans, chez Monnoyer, en 1789. Il a fait paraître, dans les journaux, des pièces fugitives, en prose et en vers, depuis 1771 jusqu'en 1780, entre autres : *Epitre aux Editeurs des Etrennes du Parnasse ; Le Duel Conte Moral ; L'Amitié à l'Epreuve de l'Amour propre et de l'Amour.* Dans ces temps de triste mémoire, où d'aveugles Français offraient leur encens aux déesses de la Raison et de la Liberté et cherchaient à conduire l'homme au plus absurde Matérialisme, le Marquis de Musset-Cogners eut le courage de combattre ces pernicieuses maximes, dans un écrit ayant pour titre : *Le Triomphe de la Religion.* Cette brochure fut bien accueillie, particulièrement des habitants de la campagne.

Membre correspondant de la Société Centrale d'Agriculture de la Seine, et de la Société Royale d'Agriculture, Sciences et Arts du Mans, mon père à fourni à ces deux Compagnies un grand nombre de Mémoires, concernant l'Instruction primaire, l'Agriculture, l'Histoire, la Chronologie, la Biographie, etc. ; et divers articles au nouveau Dictionnaire d'Agriculture de l'Abbé Rozier. Il a propagé, en distribuant des élèves de sa pépinière, la culture des arbres fruitiers, presque inconnue dans son canton ; ce qui lui valut une médaille d'encouragement de la Société Royale d'Agriculture de Paris. Propriétaire d'une métairie dans les environs de Marchenoir (Loir et Cher) il a répandu dans ce pays la culture des trèfles. Le Musée du Mans lui doit des monnaies antiques et des pétrifications, recueillies dans l'arrondissement de Saint-Calais.

Il a publié dans les Recueils de la Société Royale des Antiquaires de France, à laquelle il appartenait, plusieurs mémoires. Je citerai : *La Légende de Rolland,* et une *Dissertation sur l'Epée,* comme objet de culte chez les Celtes. On doit encore à M. de Musset : *Mémoires sur la Confrérie de St-Georges,* en

(¹) C'est par erreur que cet ouvrage a été attribué, dans la *Biographie Universelle* à M. J.-F. de Bourgoing, son ami, qui n'y a écrit que la lettre du Précepteur.

Franche-Comté ; de la Religion et du Clergé en France, 1797 ;
Considération sur l'état des Finances du Royaume, in-f°, 1814.

Aucune des facultés intellectuelles de mon père n'avait été
affaiblie par l'âge. Aussi, l'étude et les exercices de piété par-
tageaient ses journées. Longtemps maire de sa commune, il
remplit les fonctions de cette magistrature avec une scrupuleuse
exactitude, et même regardait comme un devoir d'assister de
ses conseils ses administrés. Il étonnait encore par la fraîcheur
de sa mémoire, par la vivacité de son esprit, lorsque sa vie s'est
éteinte dans sa quatre-vingt-sixième année, le 17 de septembre
1839, entouré de ses enfants, les édifiant par sa résignation,
comme par les sentiments religieux qu'il a manifestés jusqu'à
son dernier soupir.

Mon père était d'une taille élevée, d'une figure noble et spirituelle ; il avait conservé, dans ses manières, cette pose et cette
dignité que donne ordinairement la profession des armes. Son
commerce était doux, agréable, plein de modestie. Il accueillait
avec une bienveillance peu commune les personnes qui récla-
maient ses services, sans jamais leur faire sentir l'infériorité
de leur esprit. La Religion qu'il pratiquait dans toute la sincérité
de son âme, tempérait son caractère, naturellement vif et impa-
tient, mais bon et généreux.

Ses armes étaient : *d'azur, à l'épervier d'or, chaperonné, longé
et perché de gueules.*

M. de Musset a laissé trois enfants : M. le Marquis de Musset,
Mademoiselle Odille de Musset et Madame de Phillemin.

Cogners, janvier 1840.

ODILLE DE MUSSET ([1]).

La notice est suivie de la note suivante.

« Il m'a été donné de pouvoir apprécier les excellentes qualités
de M. le Marquis de Musset. La piété filiale n'est peut-être ici
que trop discrète. Qu'il me soit donc permis de citer encore, de
cet homme de bien, un trait qui ne peut que faire honneur à sa

[1] Bulletin de la Société Royale d'Agriculture, Sciences et Arts du
Mans, pages 73 à 77. Tome IV — Lemans, imp. Monvroyer, 1843.

mémoire. M. Richer de Montauban, qui décéda, le 11 novembre 1827, avait, par son testament, confié l'exécution de ses dernières volontés à la loyauté et à l'amitié de M. de Musset. M. Richer de Montauban, entre un grand nombre d'autres legs charitables, avait donné à la commune de Vimarcé (Mayenne) une maison et quelques journaux de terre, pour l'établissement, dans cette commune de deux Sœurs d'Evron, qui devaient être chargées de donner l'instruction aux jeunes personnes, et de porter des secours aux malades pauvres des deux paroisses de Vimarcé et de St-Martin de Connée.

Mais le produit annuel de ces quelques journaux de terre, qui ne pouvait être que d'environ 200 francs n'était pas suffisant pour faire subsister convenablement deux Sœurs de Charité. D'un autre côté la commune ne pouvait rien faire. La Congrégation, des Sœurs d'Evron se trouvait donc dans la nécessité de refuser un établissement qui lui aurait été aussi onéreux. M. le Marquis de Musset trouva dans la bonté de son cœur le moyen de surmonter cette difficulté. Après avoir pris l'avis de ses enfants, il ajouta de ses propres deniers une somme d'au moins cinq mille francs, et l'établissement eut lieu. « *Maintenant,* disait-il avec l'accent d'une conscience délicate et heureuse, *toutes les intentions de mon vieil ami sont remplies.* »

(Note du Directeur).

Victor-Donatien de Musset-Pathay [1]

1768-1832

Victor-Donatien de Musset-Pathay, né le 6 juin 1768, dans le Vendômois, était le cousin germain de Louis-Alexandre-Marie de Musset, Marquis de Cogners, et le père du poëte Alfred de Musset.

Admis, en 1780, à l'école militaire de Vendôme, Victor de Musset servit dans le Génie, pendant onze ans. Il fut incarcéré, en 1793, comme suspect et frère d'émigré. Rendu à la liberté peu de jours après, il accompagna à Tours un commissaire des Guerres et se voua dès lors aux fonctions administratives. Chef de bureau au Ministère de la Guerre de 1805 à 1818. Il quitta l'administration à cette date, pour s'occuper exclusivement de travaux littéraires, et ne reprit ses fonctions au ministère qu'en 1828 en qualité de chef be bureau de la justice militaire. Il mourut du choléra, le 8 avril 1832, laissant de son union avec Edme-Claudette Guyot-des-Herbiers, trois enfants : Paul, Alfred et Hermine [2].

Victor de Musset-Pathay avait débuté dans les lettres, en 1799, par un roman : *La Cabanne Mystérieuse*, 2 vol. in-12, avec figures. Il publia ensuite

[1] *Pathay*, nom d'un fief apporté un dot, le 6 janvier 1676 par Marie-Jeanne de Pathay, à Charles de Musset, bisaïeul de Victor-Donatien.

[2] Paul-Edme de Musset, né le 7 janvier 1804, décédé le 21 mai 1880. — Louis-Charles *Alfred* de Musset, né le 11 décembre 1810, décédé le 2 mai 1857. — Charlotte-Hermine-Amélie, née le 1ᵉʳ novembre 1819, mariée, le 14 avril 1846, à M. Timoléon-Désiré Lardin, Conseiller à la Cour d'Angers.

un grand nombre d'ouvrages dans tous les genres : Histoire, légendes, poésies. Mais son œuvre capitale fut une histoire très complète de *La Vie et des ouvrages de J.-J. Rousseau* Paris 1821, 2 vol. in-8°, qui eut plusieurs éditions. Il collaborait à la *Biographie Universelle* publiée par Michaud et à diverses autres publications (¹).

Les lettres autographes de Victor de Musset-Pathay, que nous avons recueillies sont remplies de détails sur ses travaux littéraires ; les quatre premières sont adressées à M. Hécart, membre de la Société des Sciences et Arts de Valenciennes.

Paris, 7 avril 1811.

Monsieur,

Je m'empresse de vous remercier pour les ouvrages que vous avez bien voulu m'adresser. Mais je sais trop s'il serait loyal de ma part de me les approprier. Je vais vous faire juge vous-même de mon embarras.

Louis-Alexandre-Marie de Musset, mon cousin germain, Officier successivement dans les Régiments d'Auvergne et d'Orléans, et mon intime ami, est bien évidemment la personne dont vous voulez parler dans votre lettre et qui a eu avec vous, les rapports d'amitié que vous mentionnez. En 1777, je n'avais que neuf ans, et mon cousin était à cette époque Sous-Lieutenant dans Auvergne, en garnison à Valenciennes. Mais une partie de votre lettre est relative à l'auteur de la *Bibliographie Agronomique*, et cet ouvrage est de moi. Il y a donc erreur non pas de nom, mais de personne ; je profite de cette méprise, puisqu'elle me met en rapport avec vous, Monsieur, et que les amis de mon

(¹) Notamment dans l'*Almanach dédié aux Dames*, 1813, p. 134. Article signé : M. V. D. Musset-Pathay.

intime ami ne peuvent m'être indifférents. Je vais lui envoyer demain votre lettre. Son adresse est à *M. de Musset propriétaire, à Cogners, près Saint-Calais, département de la Sarthe.* Il vient d'être élu membre du Corps législatif. — La personne qui porte le même nom que nous et qui a été de l'assemblée n'est ni du même pays, ni de notre famille. Je parle de mon cousin dans la *Bibliographie* sous le n° 2451 et page 451, art. : *Topinambour.* J'aurai soin, Monsieur, de vous consacrer une notice dans le supplément dont je m'occupe et de ne pas oublier de parler des trois ouvrages que vous m'avez adressés. J'accepte avec beaucoup de reconnaissance, pour ce supplément, les remarques et les additions que vous-avez faites, et j'aurai soin, ainsi que c'est mon usage, de nommer la personne à qui je les dois. Je vous prie donc de vouloir bien me les faire passer par la première occasion.

Je ne sais si c'est mon cousin ou l'auteur de la Bibliographie que vous avez fait nommer membre correspondant de votre Société. Il n'y a point de prénom avec le nom de famille. Il en résulte qu'il faut bien que vous ayiez la bonté de vous charger de transmettre à Messieurs vos collègues, l'expression de la reconnaissance du nouvel agrégé quel qu'il soit et qui ne peut qu'être très sensible à l'honneur que vous lui faites. J'attends de vous que vous veuilliez le désigner. Je trouve juste que ce soit mon aîné qui, mieux que moi, mérite cet honneur.

Tous les genres de commerce étant *morts subitement,* les livres ne circulent pas plus que les autres objets. Il en est résulté que, malgré les éloges qu'on a bien voulu donner à la *Bibliographie,* il s'en est peu vendu d'exemplaires. Quand le supplément s'imprimera j'aurai le plaisir de vous en offrir un. Mais pour lui donner plus de prix et pour l'intérêt de l'art agronomique, je vous renouvelle la prière de vous occuper de recueillir vos notes et de me les envoyer. J'y attache la plus grande valeur. J'en ai déjà un grand nombre de curieuses. Les erreurs et les doubles emplois seront rectifiés dans ce supplément.

Veuillez agréer de nouveau mes remerciements ; j'espère que la méprise ne sera qu'une occasion d'établir et d'entretenir des rapports qui doivent exister entre des personnes qui ont les mêmes goûts et le même genre d'occupations. Je vous prie de croire au désir que j'ai de cultiver votre connaissance et à la sincérité des sentiments les plus distingués avec lesquels j'ai l'honneur d'être, Monsieur,

Votre très humble et très affectionné serviteur,

« VICTOR DE MUSSET »

« Paris, 8 avril 1811.

« P. S. — J'ai le projet de parler de vos ouvrages dans le *Journal d'économie rurale et domestique ou Bibliothèque des propriétaires ruraux*, dont je suis un des collaborateurs et qui paraît tous les mois.

Guyot des Herbiers

1745-1828

Né à joinville, le 25 mai 1745, Claude-Antoine Guyot des Herbiers, suivit la carrière du barreau « malgré son penchant pour le culte des muses. » (') Reçu avocat au Parlement de Paris, en 1782, il fut appelé, lors de la nouvelle organisation judiciaire de 1790, aux fonctions de juge au district du 2e arrondissement. Il devint chef de division au Ministère de la guerre, le 5 novembre 1795. — Il fit partie du Conseil des Cinq-cents et en fut nommé secrétaire, le 1er prairial an VI. (20 mai 1798).

Le 5 novembre de la même année (15 brumaire an VII), Guyot des Herbiers écrivit au Ministre de la justice Lambriechts la lettre ci-après, relative à un accident qui lui était arrivé pendant qu'il siégeait au Conseil des Cinq-cents :

« CITOYEN MINISTRE,

« Je transmets à l'instant, et par votre ordonnance elle-même, les observations supplémentaires, à mon collègue Genissieu, qui a bien voulu se charger de mener à fin le rapport que mon accident du 7 mai m'a empêché de consommer. Je lui avais déjà remis les pièces antécédentes, et j'imagine que demain la Commission sera convoquée pour un *ultimatum*. J'ai été bien contrarié par l'évènement qui a retardé l'expédition de vos dépenses. Il n'a eu d'autres suites qu'un affaiblissement sensible; et je suis déjà retourné plusieurs fois au Conseil; mais je

('). Biographie universelle de Didot. t. 22. Col. 959.

n'ose pas encore braver l'air méphitique de la tribune. Je désire que mon exemple profite à quelques collègues, et détermine des réformations indispensables dans la construction de la salle, qui pourrait bien coûter la vie à d'autres.

« Je vous fais ces détails, citoyen ministre, dans la confiance que vous daignez prendre quelque intérêt à la santé d'un homme qui vous est bien tendrement attaché.

« Salut et fraternité.

« GUYOT DES HERBIERS ».

Ce 15 brumaire an VII.

Il continuait cependant de cultiver les lettres. On a de lui des fragments des *Heures* et des *Chats*, poëmes qui eurent un certain succès. Une édition des *Lettres de Ninon de l'Enclos au marquis de Sévigné*. Paris, 1800. 3 vol. in-18 ([1]).

Ce fut à cette époque, et le 2 juillet 1801, qu'il unit sa fille Edmée-Claudette à un littérateur de ses amis, Victor-Donatien de Musset-Pathay. C'est ainsi qu'il devint le grand-père d'Alfred et de Paul de Musset, et de leur sœur Hermine.

Paul de Musset, écrivant la *biographie* de son frère Alfred, nous a transmis quelques renseignements sur leur aïeul : « Le sens poétique de notre grand-père, dit-il, ne s'est manifesté que par caprice. Mais ce qui distinguait surtout M. Guyot des Herbiers, c'était une gaieté gauloise, une manière pittoresque de dire toutes choses qui donnait un grand charme à sa conversation. Ce tour d'esprit original se retrouve dans les comédies de son petit-fils, notamment dans les rôles de Fantasio, de Valentin et de l'Octave des *Caprices de Marianne.* » ([2])

Après la Révolution du 18 brumaire, Guyot des Herbiers était entré au Corps législatif, il y demeura quelques années et vécut ensuite dans la retraite, au Mans, où il mourut le 5 mars 1828.

([1]) Michaud. Biographie universelle. Paris, 1839, p. 326.
([2]) Biographie d'Alfred de Musset, sa vie et ses œuvres. Paris, 1877, p. 11.

Paul de Musset

1804-1880

Paul-Edme de Musset, frère aîné d'Alfred, né à Paris, le 7 novembre 1804, fut un littérateur des plus estimés. Il publia un assez grand nombre de romans, tous écrits avec élégance et sobriété. On cite parmi les meilleurs : *La Tête et le Cœur ; Anne de Boleyn ; M*^me^ *de La Guette ; Les femmes de la Régence.*

Il vivait avec Alfred, dans la plus étroite amitié. Nous lui devons une *biographie* du poète, remplie d'intérêt et d'un style simple et attachant.

Paul de Musset éprouva une grande douleur lorsque parut, en 1858, dans la *Revue des Deux Mondes* sous le titre de *Elle et Lui,* une violente attaque dirigée contre son frère bien aimé, par George Sand. — Il y répondit immédiatement et en informa son cousin, le comte Adolphe de Musset, par une lettre du 7 juin 1859, que nous reproduisons ci-après ([1]) :

Paris, 7 juin 1859.

« Mon cher ami,

« Je ne sais si, dans la retraite où tu jouis d'un calme que je t'envie, tu as entendu parler de la lance que je viens de rompre contre le détracteur, le plus dangereux, de la réputation de mon frère. George Sand a publié dans la Revue des Deux Mondes un ouvrage ou plutôt un pamphlet intitulé *Elle et Lui.* L'indignation a été si grande à Paris et surtout parmi les femmes du

([1]) Lettre autographe que nous tenons du dernier représentant de cette famille, Alexandre de Musset, fils du comte Adolphe.

monde, que j'ai dû, à la demande générale, prendre la plume pour faire connaître la vérité sur un épisode biographique dont on avait parlé cent fois depuis 25 ans, mais que personne que moi ne savait à fond. Il venait fort heureusement de paraître une nouvelle revue en concurrence avec celle des Deux Mondes. Le procédé ingrat et lâche de Buloz ne me permettait pas de m'adresser à lui pour publier ma réponse aux sottes colomnies qu'il avait accueillies. Cette réponse, sous le titre de *Lui et Elle*, a paru dans le *Nouveau Magasin* qui est tiré à 5,500 exemplaires. Le bruit de cette publication et son succès ont été considérables, et durent encore malgré les préoccupations de la guerre. Comme je reçois la *Revue* où se trouve le pamphlet de G. S. et que j'ai aussi un exemplaire de la réimpression en volume, je t'envoie cet exemplaire dont je n'ai nul besoin, afin de te mettre au courant. Avant que tu en aies achevé la lecture, tu recevras les 3 numéros du *Magasin* contenant *Lui et Elle*. Tu comprendras aisément en lisant l'attaque et la défense, l'agitation qu'à dû éprouver ma mère. Je suis allé à Angers pour la calmer, et je l'y ai laissée bien remise de son émotion et en assez bonne santé, quoique faible. Ses facultés ont conservé toute leur vigueur et elle ne prend les choses qu'avec trop de vivacité. Quand tu auras le loisir de me répondre, donne-moi des nouvelles de ta santé, de celle de ma cousine, de tes enfants que j'ai perdus de vue à mon grand regret, et fais-moi savoir si Adrien est en Italie ou en France. Nous ne savons pas le numéro de son régiment. Pendant mon séjour à Angers nous avons souvent pensé à vous tous. Hermine se porte bien. Mon oncle des Herbiers a eu un rhumatisme au genou qui l'a privé de l'usage de ses jambes pendant 6 mois. Il en est guéri à présent et marche bien, malgré son grand âge.

« Adieu, mon cher ami ; malgré la distance, malgré les intervalles de nos rapports, et les longs silences, je ne t'oublie ni ne t'oublierai jamais ».

Ton ami et cousin ,

PAUL DE MUSSET. »

Rue des Pyramides, 8.

Le Comte Alexandre de Musset

1819-1899

Né à Busloup, arrondissement de Vendôme, le 24 mai 1819, le Comte Alexandre de Musset était le cousin d'Alfred et de Paul de Musset, qui ne laissèrent aucun autre héritier de leur nom. Ils descendaient, les uns et les autres, de Charles-Antoine de Musset, seigneur de Bonnaventure, Pathay et Mesnil, marié à Marguerite-Angelique du Bellay, fille du gouverueur, pour le roi, de la ville de Vendôme.

Alexandre de Musset avait toujours vécu dans la plus étroite intimité avec ses cousins. Il nous montrait, il y a peu de temps encore, les albums dessinés par Alfred, dans lesquels le poète, artiste à ses heures, avait tracé d'une main experte des souvenirs de famille ; il excellait surtout dans la caricature, caricature spirituelle et fine, mais jamais ni caustique, ni malveillante. Un de ces albums est resté en la possession de Mᵐᵉ Lardin de Musset, sœur survivante d'Alfred.

Le Comte de Musset avait épousé, à Draguignan, le 6 février 1854, Mˡˡᵉ Caroline Ricaud, fille du sympathique compositeur de musique et nièce de M. le banquier Allemand.

Ancien Auditeur au conseil d'Etat, Alexandre de Musset avait été chargé d'une mission en Algérie, pour la reconstitution de la propriété et la répartition des terres ayant appartenu aux Arabes avant la conquête. A son retour en France, il accepta les fonctions de chef de cabinet de son ami le comte de Pressac, préfet du Var, et plus tard celles de conseiller et de secrétaire général de la même préfecture. Il s'y fit remarquer, pendant près de vingt ans, par une connaissance approfondie des fonctions administratives, par la plus exacte correction et la plus exquise urbanité.

Un peu froid au premier abord, le comte de Musset gagnait bientôt les sympathies générales, par la sûreté de ses relations, la bonté de son cœur et sa généreuse charité, rendue plus expansive encore par le souvenir de la regrettée Mme de Musset, dont il s'était fait un devoir de continuer toutes les œuvres de charité.

Ce qui caractérisait surtout ce descendant d'une famille de gentilshommes lettrés et bienfaisants, c'était sa bonté pénétrante et la courtoisie aimable qui ne l'abandonnait jamais.

Bibliophile érudit, il conservait avec un soin religieux les beaux ouvrages que son père et son aïeul avaient réunis en vrais connaisseurs. Cependant il n'était point de ces amateurs de belles reliures, qui veillent constamment sur leurs richesses bibliographiques. Il aimait au contraire à les mettre à la disposition de ses amis, et même il fallait se défendre d'une certaine tendance, vraiment charmante dans sa simplicité, qui le poussait à se dessaisir des plus précieux bouquins, en faveur de ceux qu'il croyait plus aptes que lui à les utiliser pour l'avancement des sciences ou des lettres. Il fit, dans ces conditions, à la Bibliothèque de Draguignan, le don d'une des plus rares éditions des *Essais de Montaigne*.

Vers les derniers temps de sa longue et si honorable existence, M. de Musset ne quittait presque plus sa résidence de Sainte-Maïsse, suivant avec intérêt les travaux de ses fermiers, qui l'adoraient, et recevant volontiers ses anciens amis.

Gentilhomme aimable et bon, toujours accueillant, faisant le bien avec simplicité, Alexandre de Musset était un type de ces beaux caractères qui feraient regretter l'ancien régime, si mille exemples ne nous prouvaient que les braves gens ne sont point rares en tout temps, dans notre pays où il suffit de faire appel à la charité publique, pour voir abonder l'or, les billets de banque des riches et les gros sous des déshérités de la fortune eux-mêmes.

Ces lignes sont extraites d'un article nécrologique publié, par le *Petit Marseillais,* deux jours après la mort de M. de Musset, qui s'était éteint le 23 mai, c'est-à-dire la veille du jour où il devait atteindre sa 80ᵉ année.

Des détails fort intéressants, sur sa jeunesse, nous sont parvenus depuis la date de la publication de cette notice biographique. Nous les tenons d'une de ses cousines, née comme lui en 1819, Madame Lardin de Musset.

« Le comte Adolphe de Musset (¹), père d'Alexandre, nous écrivait-elle, était cousin de mon père, et la mère, mademoiselle Caroline Saligny, fille de la cousine germaine de ma propre mère; c'est même ma mère qui fit ce mariage en 1814. Il fallut pour aller trouver la fiancée qui habitait Joinville, traverser une

---

(¹) Celui-là même à qui était adressée la lettre de Paul de Musset relative à la publication d'*Elle et Lui.*

partie de la France ravagée par l'invasion ennemie. Ma mère m'a souvent raconté ses impressions douloureuses à la vue de ces villages brûlés, de ces paysans sans asile et de ces campagnes bouleversées. Adolphe, père du comte Alexandre de Musset, ma mère et le petit Alfred, qui avait alors trois ans, voyageaient en chaise de poste. Arrivés à Troyes, ils trouvèrent les hôtels bondés et la ville occupée par les Ulhans et les hussards de la mort. Ils ne purent obtenir pour eux trois qu'une chambre et un cabinet dans lequel il y avait un lit. Ma mère se réfugia dans ce cabinet avec son enfant, et Adolphe, pour la rassurer, tira son lit en travers de la porte de ce cabinet, disant: « On ne pourra arriver jusqu'à vous, m'a cousine, qu'en passant sur mon corps, dormez tranquille. »

« A la pointe du jour, ma mère fut réveillée par un sentiment de froid; en ouvrant les yeux, elle vit que sa fenêtre, fenêtre à guillotine, comme on en fait encore en Angleterre, était ouverte et qu'un homme s'introduisait par là dans sa chambre; paralysée par la terreur, elle ne put pousser un cri ; cet homme, enjambant sur son lit, décrocha des armes posées sur des patères au-dessus du lit, murmura quelque chose d'incompréhensible dans sa langue et disparut comme il était entré. Les sons des trompettes et le bruit des chevaux en marche firent bientôt comprendre à ma mère que le régiment quittait Troyes le matin même.

« Lorsqu'Adolphe demanda à sa cousine comment elle avait passé la nuit, il fut étonné de sa réponse, et s'en diverti fort.

« Au repas de noce, le petit Alfred qui était assis près de sa mère sur une chaise haute avec une planche sous les pieds, se levait à chaque instant pour regarder la mariée. Tiens-toi donc tranquille, Alfred, lui dit sa mère! — Maman, je veux voir son joli cou blanc! — La mariée sourit à ce compliment de l'enfant dont on ne pouvait pas suspecter la sincérité, et elle lui a toujours témoigné une bienveillance toute particulière.

« En 1841 et les années suivantes, je suis allée au château de Loret avec ma mère et mes deux frères. Là, la vie était un perpétuel délice. Les plus proches voisins étaient la famille Grenier

et M. et Mme Louis de Talleyrand. On se réunissait tous les
soirs à Loret dans un grand salon magnifiquement meublé de
cabinets d'ébène et de meubles anciens. On y faisait de la musique; Álexandre avait un remarquable talent sur la flûte; on y
valsait surtout, mes deux cousins Almire et Alexandre étaient
des valseurs charmants; on y suivait des chasses à courre,
Almire avait une belle meute; on y donnait des bals où l'on
venait de dix lieues de distance; on soupait; on dansait le
cotillon; puis on ne repartait qu'au jour. Les amis les plus
intimes étaient les Rœderer, les de la Rue, les Trutat, les de la
Croix; les d'Osembray et les Messieurs de Boisguillert, vérita-
bles gentilshommes des bois. Le parc de Loret était bordé par
la rivière de l'Eure ce qui en faisait une propriété d'une beauté
exceptionnelle. Cette charmante vie a duré jusqu'au mariage
d'Almire suivi de près du mien, et alors mes relations se sont
éloignées. J'ai retrouvé la famille à Chartres, puis à Manou,
mais alors Alexandre était à Draguignan et je ne l'ai plus vu
qu'en passant.

« Quand je l'ai retrouvé à Ste-Maïsse, vieux et souffrant, il
m'a semblé encore plus digne d'estime et d'affection que par le
passé; il reconaissait si bien les qualités de chacun; il était si
juste et si bon; je retrouvais en lui le cousin d'autrefois doublé
de son père, de ce père si adorablement bon qu'il aimait tant!
Adolphe était un homme à part; brillant en société, jouant la
comédie dans la perfection, lisant admirablement et ne cherchant
jamais à se faire valoir; mais je vous dis là, Monsieur, des
choses que vous savez parfaitement et je vous demande pardon
de ce bavardage. Alexandre disait souvent; Ah! ce père! je l'ai
tant aimé!

« Je vous remercie infiniment de la photographie que vous
avez eu la bonté de m'envoyer de Monsieur de Musset dans son
cabinet; elle est parfaite, et je suis bien heureuse de l'avoir, ma
dernière visite à Ste-Maïsse ayant réveillé en mon cœur les sentiments d'amitié qui y sommeillaient depuis de longues ennées;
Il est encore une photographie que je voudrais bien avoir; ce
serait celle du portrait, qui est à Ste-Maïsse dans la chambre

d'Alexandre, de son père Adolphe dessiné par mon frère Alfred. » (¹)

Pour compléter les détails biographiques si intimes, si suggestifs qui précèdent, je n'hésite pas à publier quelques-unes des lettres que le comte Alexandre de Musset m'écrivait et dans lesquelles il se révèle tout entier. Tantôt il juge avec bienveillance la biographie d'un Préfet, un peu autoritaire, mais qui se faisait estimer et même aimer par la droiture de son caractère ; tantôt il plaisante son ami dont les publications se multipliaient avec trop de rapidité ; c'était son opinion, mais il l'enveloppe avec une grâce parfaite, enjouée et sérieuse à la fois. Enfin nous donnons sa lettre du 20 février 1898, parce qu'elle contient des renseignements sur l'arbre généalogique que M. Clouard devait publier et que la mort l'a empêché de terminer (²).

Ste-Maisse, 31 mai 1876.

« MON CHER AMI,

« J'ai reçu votre biographie de M. Mercier-Lacombe et je vous remercie d'avoir pensé à me l'envoyer. Je suis de ceux qui ont conservé de ce grand honnête homme le souvenir symphathique et respectueux qui lui est dû à tant de titres. C'est une bonne et pieuse pensée que vous avez eue de retracer la vie de cet homme de bien, vie de devoir et de dévouement. M. Mercier-Lacombe

---

(¹) Lettre de Mme Lardin de Musset, sœur d'Alfred, du 19 octobre 1899.

(²) M. Maurice Clouard, un des biographes les plus savants, les plus consciencieux d'Alfred de Musset, nous écrivait, le 12 janvier 1900 : « J'ai en ce moment à l'impression un petit volume formé par la réunion d'articles de la Revue (sur Alfred de Musset)... » Il est mort le 10 avril 1902. C'est une réelle perte pour les lettres.

était un de ces hommes rares dont on peut dire tout le bien possible sans être taxé d'exagération et la mesure dans laquelle vous le louez est un hommage de plus rendu à sa mémoire, et dont sa modestie même ne pourrait pas s'effaroucher s'il pouvait encore vous lire. »

Ste-Maïsse, 30 mai 1886.

« MON CHER AMI,

« Alfred de Musset dit quelque part dans *Namouna* :

> Qu'on ait fait après tout un enfant blond ou brun
> Pulmonique ou bossu, borgne ou paralytique
> C'est déjà très joli quand on en a fait un.

« Que dire alors de vous qui en êtes à votre 56e, lequel n'est ni borgne, ni bossu, ni, etc., et qui se présente même avec une constitution telle qu'on voit que le père n'est nullement fatigué par le paternité et pourra encore donner au nouveau-né un bon nombre de frères. C'est vous dire que j'ai reçu le poupon, et que je vous remercie d'avoir pensé à moi. J'ai lu votre livre avec grand plaisir, m'étonnant toujours de vos facultés d'infatigable chercheur, et de votre flair pour trouver et découvrir les perles. Vous avez raison, cette vie intime de l'ancienne bourgeoisie est très peu connue et peu d'écrivains sérieux s'en sont occupés. Les auteurs dramatiques et les romanciers, en mettant en scène les familles bourgeoises du siècle dernier, se sont plutôt attachés à faire la lumière autour de leurs ridicules, laissant de côté ces qualités solides qui les distinguaient généralement. Vous faites bien de vous tourner du côté du passé, il fait bon y vivre et l'on y respire un air plus pur que dans les agitations du présent.

« Nous avons quitté Draguignan ces jours derniers pour venir nous établir à Ste-Maïsse, et nous avons laissé tous vos parents en bonne santé, y compris madame Sophie Latil qui est plus verte que jamais. »

Ste-Maïsse, 20 février 1898.

« Mon cher Ami,

« Je commence par vous dire que je ne vois nul inconvénient à la publication de vos notes, qui sont, du reste, tirées des articles généalogiques concernant ma famille et publiés dans divers recueils. Vous pouvez dire à votre correspondant qu'aucun membre de la famille de Musset, sauf moi, n'a rempli de fonctions dans le Var, pas plus qu'aucun membre de la famille Guyot des Herbiers. Il demande celles que j'avais remplies avant d'être Conseiller de Préfecture. Vous savez qu'avant de venir trouver mon ami Preissac à Draguignan, j'avais été Auditeur au Conseil d'État.

« Maintenant que veut M. Clonard ? Est-ce la généalogie complète de la famille de Musset ? Il la trouvera au vol. III du nobiliaire de Viton de St-Allais. S'il ne veut que celle de la branche de Pathay à laquelle appartenait Alfred, la partie droite de votre tableau lui suffit, avec la rectification que j'y ai collée.

« Quant à la partie extrême gauche du dit tableau, il y a des omissions nombreuses et des erreurs. Ainsi, Louis-Alexandre-Marie de Musset a eu 4 enfants, 2 garçons et 2 filles et Onésime n'est pas le père du marquis Georges de Musset, lequel a eu 2 sœurs non mentionnées. Si vous vouliez une rectification et une continuation jusqu'à ce jour de la généalogie avec les alliances, je vous les donnerais. Mais sans les dates des mariages et décès que je n'ai pas.

« Vous avez raison de penser que j'ai été très affligé de la mort de ce pauvre Alphonse. Il y avait plus de 25 ans qu'il était à mon service et on ne vit pas si longtemps côte à côte sans s'attacher l'un à l'autre. Peu de jours après sa mort, le fermier a trouvé sa belle-mère morte sur son lit.

« J'espère que la série noire est close à Ste-Maïsse. »

« Bien à vous,
« A. de Musset. »

DEVISE

de la Famille des de Musset

COURTOISIE. -BONNE-AVENTURE-AUX-PREUSES

Les généalogistes les plus autorisés ; SAINT-ALLAIS et BOREL D'HAUTERIVE, notamment, font connaître que telle était la double devise des de Musset, empruntée aux noms de leurs fiefs ([1]).

Des titres authentiques, conservés dans les archives de cette famille, établissent en effet, que les de Musset furent, dès le XVᵉ siècle, possesseurs du fief de LA COURTOISIE, situé dans le Blaisois ([2]). Simon de Musset, Conseiller et maître de la Chambre des comptes du duc d'Orléans, était, en 1461, Seigneur *de la Maison-fort, de l'Etang et de la Courtoisie.*

L'étymologie du mot *Courtoisie,* n'est pas douteuse : Courtois dérive de *Cour* d'après l'ancienne forme *Court ;* « Courtois, disent les dictionnaires de la langue française, est celui qui a une politesse recherchée » ([3]).

Si nous appliquons cette devise à la famille de

([1]) *Nobiliaire universel de France* par M. de Saint-Allais, t. III. p. 47. — *Annuaire de la noblesse de France* par M. Borel d'Hauterive. Année 1843 p. 307. *Dictionnaire* des Devises historiques et héraldiques par Chassant et Henri Tausin, 1878, p. 56.

([2]) *Dictionnaire de la noblesse* par de Lachenaye-Desbois. 1769, t. 14, p. 765.

([3]) *Dictionnaire de la langue française,* par Hatzfeld. Darmesteter et Chomis.

Musset, elle même, nous trouvons qu'elle ne pouvait, en choisir une plus conforme au caractère et à la haute distinction de ses représentants contemporains. Pour ne citer qu'un exemple, nous rappellerons que le dernier des de Musset, décédé il y a peu d'année (') et son père, le comte Adolphe de Musset, furent deux types de la plus exquise courtoisie.

La seconde partie de la Devise des de Musset. *Bonne-Aventure-aux-Preuses* ne remonte qu'au XVIe siècle, à la suite du mariage de Claude de Musset, en 1537, avec Marie Gérard de Salmet, qui lui apporta ce fief parmi les terres qu'elle reçut de la succession de son père, seigneur de La Bonnavanture.

Le père de Claude de Musset avait épousé en 1478, Marie de Villebresme, parente de François de Villebresme, qui, d'après certains généalogistes s'était uni à Catherine Du Lis, nièce de Jeanne d'Arc ('). En sorte que les de Musset auraient été alliés à la famille de la Vaillante Jeanne ; d'où leur était venue la pensée de compléter leur Devise, en y ajoutant : *Bonne-Aventure-aux-Preuses.*

Cependant l'alliance des Villebresme avec les Du Lis, a été contestée par M. Boucher de Molandon, dans une savante étude qui a paru en 1880. (MÉMOIRES DE LA SOCIÉTÉ ARCHÉOLOGIQUE DE L'ORLÉANAIS. Tome XVII.)

(') Le comte Alexandre de Musset, (mentionné ci-dessus, page 22) décédé le 23 mai 1899, au Cannet du Luc, près de Draguignan.
(') Saint-Allais, *nobiliaire universel de France,* t. III . p. 47. — Borel d'Hauterive : *Annuaire de la noblesse de France.* 1840, p. 307.

GÉNÉALOGIE DES DE MUSSET

SIMON DE MUSSET
Seigneur de La Maisonfort, de l'Etang, de la Courtoisie
Conseiller et Maître de la Chambre des Comptes du Duc d'Orléans, 1461 — Lieutenant général du Bailli de Blois
Il avait épousé Jeanne de Bonnas, fille d'André et de Jeanne de Villebresme.

DENIS DE MUSSET
Epouse en 1479, Marie de Villebresme, fille de Macé de Villebresme.
Conseiller du roi, Maître des requêtes de la Duchesse d'Orléans, Lieutenant-général du Gouverneur-Bailli de Blois,
par résignation de son père du 19 février 1505.
Prête Hommage pour ses terres à Jeanne, Duchesse de Longueville, le 15 juillet 1522.
Assiste, en 1533, à l'Assemblée des trois ordres tenue à Blois, pour la rédaction de la Coutume.
Mort vers 1535

CLAUDE DE MUSSET
Seigneur de la Rousselière, du Grand et du Petit Lude
Lieutenant-général du Bailli de Blois, 1536. — Lieutenant-général du Présidial de Blois, 10 août 1552
Epouse, le 8 février 1537, Marie Girard de Salmet
fille de Nicolas Girard de Salmet, Vicomte de Vallogne, Seigneur de La Bonaventure et de Demoiselle Claude de Saulle.
Mort vers 1599.

GUILLAUME DE MUSSET
Seigneur de La Rousselière, du Pray, du Lude, d'Ozouer la Breuil et de la Courtoisie.
Reçoit en 1570 (15 juillet) une pension de Henri III, pour ses services militaires.
Epouse, le 9 novembre 1580, Demoiselle d'Epirgny, fille de Jean, sieur de Pray et de Cassandre de Salviati (1).
Il commande, en 1587, une compagnie de 50 hommes d'ordonnance.
Décédé au mois de novembre 1598, enterré dans l'église de Pray.

FRANÇOIS DE MUSSET
Né le 2 octobre 1585
Gentilhomme ordinaire de la Chambre du roi, 25 juillet 1644
Capitaine de la Compagnie des gens de guerre à cheval, dite
Carabine, Lieutenant au Gouvernement de Philisbourg
Tué, dans la nuit du 23 au 24 janvier 1635, en
défendant cette place.

CHARLES DE MUSSET
Né le 23 juillet 1588
Seigneur de La Bonnaventure, de la Courtoisie, de Lude et de Beauvoir
Capitaine au régiment de Valhearnous, 14 juillet 1629. — Gentilhomme de la Chambre du roi, 24 novembre 1624.
Tué, en 1628, dans la guerre de la Valteline, étant capitaine du régiment de Feuquières.
Il avait épousé, le 16 novembre 1615, Madeleine Bazin de Crémen.

CHARLES II DE MUSSET
Seigneur de La Bonnaventure, de la Courtoisie
Capitaine au régiment de Beauce, 18 décembre 1637. — Capitaine du régiment de Gaston, oncle de Louis XIV, 12 juillet 1645.
Epouse, 20 novembre 1639, Anne Moreau, fille de Noé Moreau, Conseiller du roi.
Tué au siège du fort de Mardick, le 28 juillet 1646.

CHARLES III DE MUSSET
Seigneur de La Bonnaventure, du Grand et du Petit Menil et de Pathay, capitaine sous les ordres de Turenne, 1674.
Epouse, le 6 janvier 1676, Marie-Jeanne de Pathay, fille de Henri de Pathay, seigneur baron de Clereau et de Demoiselle Marie Duval
Mort au château de La Bonnaventure, le 19 septembre 1699.

CLAUDE DE MUSSET
Décédé à Vendôme, le   du mois de mai 1594,
chez Dame Marie de Solmet, son aïeule maternelle.
Enterré dans l'église de Pray.

(1) M. André Hallays, publiant dans le *Journal des Débats* du 10 octobre 1902, un feuilleton sur Ronsard, signale, en ces termes une étude de M. Longnon, dans laquelle il est fait mention de cette alliance des de Musset.

« Je ne veux pas quitter Ronsard sans signaler ici une très jolie étude de M. H. Longnon : *La Cassandre de Ronsard*, parue dans la *Revue des Questions historiques* (1 janvier 1902). Il y est démontré par des raisons très convaincantes que Ronsard n'emprunta pas ce nom de Cassandre à la poésie grecque, comme on le croit généralement. La femme qu'il aima s'appelait bel et bien Cassandre. Elle descendait des Salviati, de Florence. Un Bernard Salviati s'établit dans le Blésois, au seizième siècle, et devint seigneur de Taley. Sa fille, Cassandre, fut aimée de Ronsard, mais elle épousa Jean de Peigney, seigneur de Pray.

« M. H. Longnon a fait encore une autre découverte non moins piquante : une fille de Cassandre épousa, en 1580, Guillaume de Musset, duquel Alfred de Musset descend en ligne directe. Sans qu'il s'en fût jamais douté, Musset eut donc une aïeule, Cassandre Salviati, qui fut la maîtresse de Ronsard. Maintenant, relisez *Lorenzaccio* : vous verrez comment le poète y traite Julien Salviati, son parent. »

GÉNÉALOGIE DES DE MUSSET (SUITE)

ALEXANDRE-HENRI DE MUSSET
Né le 3 février 1684.
Page de Monsieur frère de Louis XIV
Brigadier des Armées du Roi — 1745
Décédé le 8 janvier 1760.

CHARLES-ANTOINE DE MUSSET
Seigneur de La Bonnaventure, Courtoisie, Pathay, Le Grand et Le Petit Mesnil
Capitaine de Dragons, Décédé le 27 novembre 1732
Avait épousé, le 8 septembre 1707, Marguerite-Angélique du Bellay
Décédée le 3 février 1753
Fille de François du Bellay, Gouverneur pour le Roi à Vendôme.

MARIE-MAGDELEINE DE MUSSET
Née au Château de La Bonnaventure
le 30 mars 1699.
Reçue à la Communauté de Saint-Cyr
Décédée dans cette Communauté le 12 juin 1705. (1)

LOUIS-FRANÇOIS DE MUSSET
Seigneur de La Bonnaventure et de La Courtoisie
Marquis de Cogners
Capitaine de Grenadiers
Epouse, en secondes noces, le 10 mai 1751
Suzanne-Angélique Du Tillet.

JOSEPH-ALEXANDRE DE MUSSET PATHAY
Né à la Bonnaventure, le 4 avril 1719
Major du Régiment de Chartre, Chevalier de Saint-Louis
Epouse, le 26 novembre 1754
Jeanne-Catherine Besnard d'Harville
Décédé à Vendôme, en 1798

LOUIS-ALEXANDRE-MARIE DE MUSSET
Né à La Bonnaventure le 14 novembre 1733
Marquis de Cogners. — Membre du Corps législatif 1810.
Député de la Sarthe 1814. Chevalier de la légion d'Honneur 1817
Il avait épousé le 3 avril 1783
Marie-Marguerite-Dominique de Malherbe-Foillé
Elle décédée le 29 novembre 1824 ; lui, le 17 septembre 1839

CHARLES-JOSEPH-LOUIS DE MUSSET-SIGNAC
Né à La Bonnaventure, le 23 novembre 1760
Page du Roi en janvier 1776
Tué en Bretagne, le 29 février 1790
Il avait épousé, le 3 juin 1788
Marie-Emilie Compaignon de Flesville.

VICTOR-DONATIEN DE MUSSET PATHAY
Né à La Vandoritre, le 6 juin 1768
Epouse, le 2 juillet 1801
Edmée-Claudette Guyot Des Herbiers
Fille de Claude-Antoine Guyot des Herbiers, Membre du Corps Législatif
Chef de division au Ministère de l'Intérieur en 1811.
Décédé le 6 avril 1832.

ODILLE
24 août 1784
décédée
sans postérité

OSMANE
4 décembre 1785
décédée
sans postérité

ONÉSIME
10 janvier 1796
décédé
sans postérité

ONÉSIPHORE DE MUSSET, MARQUIS DE COGNERS
Né le 25 novembre 1801
Sous-lieut. de cavalerie, Garde du Corps, le 27 janvier 1818
Epouse, le 27 décembre 1827
Gaetan-Maria-Zoé de Saint-Chamans

ADOLPHE-LOUIS DE MUSSET
Né à Vendôme, baptisé à Cogners, le.. septembre 1791
Epouse, le 7 juillet 1814
Marie-Ursule-Caroline de Salligny
Lui décédé le   Elle décédée le 20 mai 1872

PAUL-EDME DE MUSSET
Né le 7 janvier 1804
Epouse le 23 mai 1861
N. d'Alton Shée
Décédé le 1er Décembre 1881

LOUIS-CHARLES-ALFRED DE MUSSET
Né le 10 décembre 1810
Mort à Paris
le 2 mai 1857

CHARLOTTE-HERMINE-AMÉLIE DE MUSSET
Née le 1er novembre 1815
Epouse, le 13 avril 1846
Timoléon-Désiré Lardin
Conseiller à la Cour d'Angers
Né le 1er décembre 1807
Décédé le 28 février 1863

MARIE DE MUSSET
Née le 24 août 1830 à Cogners
Epouse, le 12 février 1854
John Mac Léod
Décédée, le 14 mars 1871

GEORGES DE MUSSET
Né le 16 septembre 1828
Epouse Laure de Sauville
Lui, décédé en 1885
Elle, décédée le 23 février 1902

GABRIELLE DE MUSSET
Née le 14 avril 1836
en religion
Sœur Marie-Gabrielle de Jésus

ALMIRE-ALPH.-XAVIER DE MUSSET
Né le   1817
Epouse, en 1842
Laure de Rancé
Décédé le 21 mai 1874

CHARLES-ALEXANDRE DE MUSSET
Né le 24 mai 1819
à Busloup, arrond. Vendôme (Loir et Cher)
Auditeur au Conseil d'Etat 1845
Chef de Cabinet de M. de Pressac, Préfet du Var
le 10 juin 1852
Conseiller de Préfecture du Var
novembre 1853. Secrétaire général février 1890
Epouse, le 6 février 1854
Marie-Charlotte Ricaud
Décédée le 14 décembre 1887
Décédé le 23 mai 1899
à la Villa de Sainte-Maïsse
(Le Luc Var)

MAURICE DE MUSSET
Né le   1844
Décédé le 7 juin 1895
à la Ville Sainte-Maïsse
Carnet-du-Luc (Var)

EUGÈNE-ALBERT-ADRIEN DE MUSSET
Né le 27 mars 1898
Chef de bataillon
Officier de la Légion d'honneur
Décédé à Manou
le 2 décembre 1878

(1) « Madame de Maintenon, dans sa *correspondance*, l'appelle sa *petite Bonnaventure*, et *parle de cette enfant avec bienveillance*. »
(SAINT-ALLAIS. *Nobiliaire de France*. T. 11, p. 64.)